CATALOGUE
D'ESTAMPES

PROVENANT DE M. C...

Pièces de diverses Ecoles, par Beham, Callot, A. Durer, Rembrandt, Gabriel Saint-Aubin; et d'après Baudouin, Freudeberg, Greuze, Lawreince, Watteau, etc.

PORTRAITS

Par Drevet, Édelinck, Fiquet, Morin, Nanteuil, Savart, Suyderhoef, etc.

VUES DE PARIS

PIÈCES MODERNES

LA VENTE AURA LIEU

HOTEL DES COMMISSAIRES-PRISEURS

RUE DROUOT, N° 5

SALLE N° 3, AU PREMIER ÉTAGE

Les Lundi 9 et Mardi 10 Mars 1863

A UNE HEURE.

Me DELBERGUE-CORMONT, Commissaire-Priseur,
rue de Provence, 8,
Assisté de M. ROCHOUX, Marchand d'Estampes,
quai de l'Horloge, 19,
CHEZ LESQUELS SE DISTRIBUE CE CATALOGUE.

EXPOSITION PUBLIQUE

Le Dimanche 8 Mars 1863, de une heure à quatre heures.

PARIS
RENOU & MAULDE
IMPRIMEURS DE LA COMPAGNIE DES COMMISSAIRES-PRISEURS
Rue de Rivoli, 144
1863

CATALOGUE
D'ESTAMPES

PROVENANT DE M. C...

Pièces de diverses Écoles, par Beham, Callot, A. Durer, Rembrandt, Gabriel Saint-Aubin; et d'après Baudouin, Freudeberg, Greuze, Lawreince, Watteau, etc.

PORTRAITS

Par Drevet, Édelinck, Fiquet, Morin, Nanteuil, Savart, Suyderhoef, etc.

VUES DE PARIS

PIÈCES MODERNES

LA VENTE AURA LIEU

HOTEL DES COMMISSAIRES-PRISEURS

RUE DROUOT, N° 5

SALLE N° 3, AU PREMIER ÉTAGE

Les Lundi 9 et Mardi 10 Mars 1863

A UNE HEURE.

Me **DELBERGUE-CORMONT**, Commissaire-Priseur,
rue de Provence, 8,
Assisté de M. **ROCHOUX**, Marchand d'Estampes,
quai de l'Horloge, 19,
CHEZ LESQUELS SE DISTRIBUE CE CATALOGUE.

EXPOSITION PUBLIQUE
Le Dimanche 8 Mars 1863, de une heure à quatre heures.

PARIS
RENOU & MAULDE
IMPRIMEURS DE LA COMPAGNIE DES COMMISSAIRES-PRISEURS
Rue de Rivoli, 144

1863

ORDRE DES VACATIONS

Lundi 9 Mars.

Portraits................	Nos 278 à 402.
Pièces de diverses Écoles..	1 à 108.

Mardi 10 Mars.

Pièces de diverses Écoles..	Nos 109 à 208.
Vues. — Pièces modernes.	209 à 277.
Dessins et nº de division...	403 à 409.

CONDITIONS DE LA VENTE.

Elle se fera au comptant.

Les adjudicataires paieront CINQ centimes par franc, applicables aux frais, en sus des enchères.

DÉSIGNATION

PIÈCES DE DIVERSES ÉCOLES

1 **Alberti.** (Chérubino). Adam et Eve chassés du Paradis, d'après Polidore de Caravage. Très-belle ép. Signée *P. Mariette.* 1670.

2 **Aldtorfer** (A.) La Vierge tenant l'Enfant Jésus, qu'elle s'apprête à mettre dans son berceau. Très-belle ép.

3 **Almeloveen.** Joli Paysage. 35. Très-belle ép.

4 **Aubry** (d'après). L'Heureuse Nouvelle, gravé par Simonnet. Très-belle ép. avant la lettre,

5 **Bargas.** Animaux à l'abreuvoir. — Voyageurs à la porte d'une hôtellerie. 2 p.

6 **Bartolozzi.** Les Quatre Elémens. — Jeux d'enfants. 5 pièces d'après Cipriani.

7 — Vierge tenant l'Enfant Jésus endormi, d'après Sasso-Ferrato, avant la lettre. — Joueur de flûte, d'après Cignani. 2 p.

8 — Sainte Famille, d'après B. Luti. Très-Belle ép.

9 **Baudouin** (d'après). Le Modèle Honnête, gravé par Simonnet. Superbe ép. avant la dédicace, grandes marges. *Rare.*

10 — Le Danger du tête-à-tête, gravé par Simonnet. Très-belle ép. avant toute lettre.

11 — Les Quatre Parties du jour. 4 p. Belles ép.

12 — Jeune fille effeuillant une rose, gravé par Masquelier. Jolie p. Très-belle ép.

13 — Le Carquois épuisé. Très-Belle ép. sans marges. — Le Serment à la mode, d'après Queverdo. — L'Amour indiscret, d'après Vleughels. 3 p.

14 **Bega**. Paysan entreprenant.

15 **Beham** (Sebald). Jeune femme accompagñée d'un bouffon à tête de mort. B. 149.

16 — Le Banquet. — Les Paysans qui se battent. 164 et 165. 2 p., la 1re est une très-belle ép.

17 **Benoist jeune** (J.-L.). Les Adieux de Louis XVI à sa famille, pièce du temps. In-4o. *Rare*.

18 **Berghem**. Le Troupeau traversant le ruisseau. B. no 9. Très-belle ép. Il y a un petit raccommodage à droite du bas.

19 **Bertaux** (d'après). Le Charlatan français, et le Charlatan allemand. 2 p., gravées par Helman.

20 **Boilly** d'après). La Comparaison des petits pieds, gravée par Chaponnier. Très-belle ép. avant la lettre.

21 **Boissieu** (de). Deux vaches passant à gué une rivière, morceau dit les grandes vaches. Ancienne et très-belle ép.

22 **Bolswertt** (Adam). Paysans chassant à coups de fléau, de fourche, des soldats et une femme portant un enfant, d'après Winckboons. Très-Belle ép.

23 **Bolswert** (S.). Sainte Famille, d'après Vandyck. Belle ép., avec l'adresse de G. Hendricx.

24 — *Sculp. et excudit*. Jésus Crucifixus. Grande et belle composition, d'après Rubens. Très-belle ép.

25. — Le Concert, d'après Jordans. Très-belle ép. d'une jolie p.

26 — Pan jouant de la flûte. Très-belle ép., avant que l'adresse de Bloteling n'ait été éffacée.

27 **Bosse** (Ab.). Les Cadeaux à la mariée. Très-belle ép., avec l'adresse de Leblond, collée en plein.

28 — La Femme qui bat son mari. Belle ép., avec l'adresse de Leblond, collée en plein.

29 **Boucher** (d'après). Recueils de Fontaines, gravés par P. Aveline et Huquier. Ex. 14 p. Très-belles ép.

30 — Elle mord à la grappe. — De trois choses en en ferez-vous une? 2 jolies p., gravées par Pasquier. Très-belles ép.

31 — La Musique. — La Bonne Aventure. 2 jolies p., gravées par Aveline.

32 — Silvie fuit le loup qu'elle a blessé, gravé par Lempereur. Très-belle ép.

33 **Boyvin** (Réné). Six pièces de l'histoire de Jason, avec entourage ornementé.

34 **Brauwer** ou **Brouwer** (Adrien), Paysan un pot à la main, il est assis sur un banc et dort la tête appuyée sur une cloison en planches, à droite trois villageois à table. R. 1. *Rare.*

35 **Bry** (Th. de). Banquet de jeunes seigneurs en compagnie d'une dame.

36 **Callot** (J.). Le Bénédicité *Meaume.* 65. Très-belle ép. du 1er état.

37 — Quatre pièces du Combat à la barrière.

38 **Canot** (d'après). Le Maître de danse, gravé par Lebas. Très-belle ép.

39 **Carrache** (Augustin). Le Vieillard et la Courtisane. 114. *Très-rare.*

40 — Mars renvoyé par Minerve, d'après Le Tintoret. 118. Très-belle ép.

41 — Satyre regardant une femme endormie. — Pan dompté par les amours. — Orphée retirant Euridice des enfers. — Suzanne et les Vieillards. — Andromède. — Loth et ses filles. — Satyre surprenant une nymphe endormie. — Vénus sur les eaux. — Nymphe assise, à laquelle un enfant rogne les ongles des pieds. — Copie en sens inverse de l'original. — Vénus châtiant l'Amour. — Satyre fouettant une nymphe attachée à un arbre. 12 p.

42 **Castiglione** (Benedette). Résurrection de Lazare. Très-belle ép.

43 **Chardin** (d'après). Jeune femme remettant un peloton de laine dans une corbeille, gravé par Flipart. Belle ép.

44 **Château**. Jeune femme tenant un masque, d'après Santerre. — Autre agaçant un perroquet, d'après Largillière. 2 p.

45 **Cheesman.** The Spinster, d'après Romney. — Society in solitude, par J. R. Smith. 2 jolies p. anglaise.

46 **Chevillet.** Jeune fille caressant une colombe, d'après Will fils. Superbe ép. avant la lettre.

47 **Coypel** (Charles). L'Amour de village, gravé par Lépicié.

48 **Daven** (Léon). Sainte Famille, d'après le Parmesan. Belle ép.

49 — Diane et ses nymphes au bain, joli paysage de l'Ecole de Fontainebleau.

50 **Debucourt.** 1803. La Femme et le mari, ce dernier est chargé du parapluie, du sac et du chien de madame.

51 — Le Café ambulant. — Le Marchand de galette. 2 p.

52 **Demarteau.** Trophées, d'après Huet, 6 p. à la sanguine. — Quatre autres trophées anonymes, en tout 10 p.

53 — Saint-Louis de Gonzague entouré d'anges, d'après le bas-relief de Legros, à la sanguine.

54 **Denon.** Tête de jeune fille, d'après Greuze. — Autre d'après Cosway, etc. Jolies p. à l'eau-forte.

55 — Serment du Jeu de Paume. Grande et belle eau-forte.

C'est la pièce la plus remarquable que nous connaissions sur ce grand événement historique.

56 — Jésus entrant au temple, d'après le Titien, à l'eau-forte. Très-belle ép.

57 **Descourtis.** La Noce de village. — La Foire du village. Le Tambourin. — La Rixe. 4 jolies p. d'après Taunay, en couleur. Très-belles ép.

58 — Foire de village. — Noce de village. 2 jolis petites p., réductions in-8., d'après Taunay.

59 **Divers.** Le Bal bourgeois. Le Lendemain de noces. — Les Beaux manchons. — Le Double artifice. — Les Jeux enfantins. Charmantes vignettes à costumes Louis XVI. 5 p. Très-belles ép.

60 — Jeune fille tenant deux colombes. — Autre, tenant un cœur enflammé. 2 p., sans marges.

61 — Têtes d'enfants, par Amélie Baader. — Homme accoudé et endormi, par Riedel, d'après Brauwer. — Figures, par Nevay. — La Peinture, par Rivalz. — Trois pièces de Boissieu, etc. 22 p.

62 — Marche solennelle de Silène vers le temple de Jupiter, par C. Bos, d'après Jules Romain. — Cascade de Tivoli, par Piranèse. — Marine, par Major. d'après Cl. Lorrain. — L'Automne, par Saenredam, d'après Goltzius, etc. 5. p.

63 — Ornements. 14 p.

64 — Trois pièces de Thomas Wick. — Homme de guerre, par de Gheyn, d'après Goltzius. — Bacchanale de Podesta, pièces de l'école d'Italie. — Les Plaisirs de l'été, par Picot, d'après Watteau, etc. 40 p,

65. — Vierge donnant le sein à l'Enfant Jésus, de Annibal Carrache. — Anges adorant la Vierge et Jésus, d'après B. Castiglione. — Costume de femme. — 2 Paysages, Boissieu, etc. 7 p.

66 **Drevet** (Pierre). Jésus - Christ au jardin des Oliviers, d'après Restout. Très-belle ép.

67 **Ducerceau** Arabesques et vase. 6 p.

68 **Dujardin** (Karel). Deux chiens couchés près de divers attirails de chasse. 5. Très-belle ép. avant le n°. *Rare.*

69 — La Chèvre et les deux moutons couchés. 7. Très-belle ép.

70 — Les Deux chevaux près la charrue. 25. Très-belle ép.

71 **Durer** (A.). Saint Jérôme en pénitence. B. 61. Superbe épreuve.

72 — L'Hôtesse et le Cuisinier. B. 84. Très-belle ép.

73 — Le Seigneur et la Dame. B. 94. Belle pièce. Très-belle ép.

74 — Les Armoiries à la tête de mort. B. 101. Belle ép. restaurée.

75 — Saint Pierre et Saint Paul guérissant un aveugle à la porte du temple. B. 18. Sur cuivre ; la Cène et le corps de Jésus entouré des saintes femmes, sur bois; Adam et Eve, par Hans Baldung; une pièce de Urse Graf, sur bois; femme allant au marché, anonyme sur bois ; 6 pièces.

76 **Dusart** (C.). La Fête de village. 16. L'une des plus belles compositions du maître.

77 — Le Chirurgien de village ; la ventouse ; le Joueur de violon assis. 3 pièces.

78 **Earlom.** Les Satyres, d'après Castiglione. Très-belle ép. avant la lettre.

79 — A Lady Reading, d'après F. Boll. Très-belle ép.

80 **Everdingen**. Marine ; on voit à droite trois figures. 14. Très-belle ép.

81 **Freudeberg** (d'après). Le lever, le bain, la toilette, l'occupation, la visite inattendue, la promenade du matin, le boudoir, les confidences, la promenade du soir, la soirée d'hiver, l'événement au bal, le coucher. Charmante suite de 12 pièces fort intéressante pour les costumes, les mœurs et l'ameublement. Très-belles ép.

82 — Le lever, gravé par Romanet. Jolie pièce. Très-belle ép. avant le numéro avec marges.

83 **Frey** (J. de). Vieillard assis dans un fauteuil les mains jointes, d'après Rembrandt. Très-belle ép.

84 **Gelée** (Claude) dit le Lorrain. Le port de mer au Fanal. R. D. 11. Ancienne et belle ép. La marge est rognée au trait carré.

85 **Ghisi** (Georges). Les Grecs entrant dans la ville de Troye, d'après J.-B. Ghisi. Très-belle ép.

86 **Godefroy** (F.). Exemple d'humanité donné par Mme la Dauphine, le 16 octobre 1773. Jolie pièce. Très-belle ép.

87 **Goltzius** (Henri). Visite à sainte Elisabeth, de la suite des chefs-d'œuvre. Très-belle ép.

88 — Le dieu Mars à mi-corps armé d'une lance, clair-obscur *rare*. Très-belle ép.

89 **Goya** (Francesco). Tauromaquia ou différentes manières de combattre les taureaux. 15 pièces. Très-belles ép. La suite complète se compose de 33 pièces.

90 — Esope ; Nain de Philippe IV. 2 pièces.

91 **Greuze** (d'après). La privation sensible, gravé par Simonnet. Très-belle ép. avant la dédicace.

92 — Les premières leçons de l'Amour. Très-belle ép. avant toute lettre.

93 — Le tendre désir, gravé par C... Très-belle ép. *Ce qui est fort rare à rencontrer pour cette jolie pièce.*

94 — La Frileuse, gravé par Moitte. Très-belle ép.

95 — Génoise, paysanne des environs de Lucques ; paysanne bolonaise, florentine. 4 pièces gravées par Moitte. Très belles ép.

96 — Ah! Madame, vous la voyez. Jolie vignette, gravée par Moreau jeune.

97 **Heck** (Van den). Les Chèvres. Très-belle ép.

98 **Hogarth** (d'après). Canvassing for votes. Belle pièce gravée par Grignion.

99 **Hollar**. 1646. Muscarum, scarabeorum, etc., 9 pièces, 1er état avant les numéros. Lion couché, d'après A. Durer. Très-belles ép.

100 **Huet** (d'après). Le petit cavalier, le Coq secouru, la Chèvre bien-aimée, les Echasses. 4 pièces en couleur.

101 **Janinet**. Jeune fille couronnée de fleurs tenant un vase, en couleur. Avant toute lettre.

102 — Vénus à la Colombe, d'après Barbier, en couleur. Très-belle ép.

103 — Colonnade et jardins du palais Médicis, en couleur.

104 **Jeaurat** (d'après). L'Accouchée, la relevée. 2 pièces, gravées par Lépicié.

105 — Transport des Filles de joie à l'hôpital, gravé par Levasseur.

106 **Jegher** (Christ,). Suzanne et les vieillards, d'après Rubens. Belle pièce sur bois.

107 **Jordaens** (D'après). Jeune femme faisant sa toilette en face d'un miroir tenu par la folie. Belle ép.

108 **Kern** (D'après). Les Quatre Saisons. 4 pièces, gravées par Teucher. Très-belles ép. Avant toute lettre. *Les titres sont écrits à la main.*

109 **Knight**. Love and Hope, Love and jealousie, d'après Bundbury. 2 pièces.

110 **Kobell** (Ferdinand.), Famille de villageois, le Violon campagnard les bons amis. 3 pièces à l'eau-forte. Très-belles ép.

111 **Kruger** (Lucas). Adoration des rois. Belle ép.

112 **Lasne** (M.). Le *Picart en beuvant fait la nicque aux yvrognes*, etc. Jolie petite pièce. Très-belle ép.

113 — Sainte Famille, d'après Rubens. Très-belle ép.

114 **Lawreince** (D'après) Le Roman dangereux. L'une des plus jolies compositions du maître, gravée par Helman. Belle ép.

115 — Qu'en dit l'abbé? Charmante pièce gravée par Delaunay. Très-belle ép. avant la dédicace.

116 — La Marchande à la toilette, gravé par Vidal. Très-belle épr.

117 — La Soubrette confidente, gravée par Vidal. Très-belle ép.

118 **Lemoine** (D'après). Hercule et Omphale, gravé par Cars. Très-belle ép.

119 **Lepautre**. Le Sacre de Louis XIV à Reims. 3 grandes et belles pièces des plus intéressantes, comme décoration et représentation de cette cérémonie. *Rares.*

120 **Leyde** (Lucas de). La Vierge debout sur un croissant. B. 82. Belle ép.

121 **Maratte** (C.). Salutation angélique, visite à sainte Elisabeth, Adoration des rois, Naissance de saint Jean-Baptiste, les trois dernières du 1er état, avant le nom de l'artiste. 4 pièces.

122 **Mieris**. Jeune femme à une fenêtre, elle tient une grappe de raisin. Composition d'après Metzu, dans laquelle on voit à gauche une eune fille jouant de la guitare. 2 p. Très-bell p. avant toute lettre.

123 **Mixelle**. Le bandeau favorable. Scène de Colin-maillard, où deux amants ont placé le mouchoir sur les yeux du mari. Jolie pièce en couleur, sans marges.

124 **Monsaldy** et **Devisme**. Vue des ouvrages de peinture des artistes vivants exposés au Musée l'an VIII, divisée en 2 pl. L'une est avant la lettre. Très belles ép. *Rares*.

125 **Montaigne**. Marines. 3 p. Belles épreuves avec: *Morin ex*.

126 **Moreau** jeune (D'après). Oui ou Non, gravé par Thomas. Très-belle ép. (A. P. D. R.).

127 — Le Rendez-vous pour Marly, gravé par Guttenberg. Très-belle ép. (A. P. D. R.).

128 — L'Accord parfait, gravé par Helman. Très-belle ép. (A. P. D. R.)

129 — Déclaration de la grossesse, gravé par Martini. Très-belle ép. Avec marges. (A. P. D. R.).

130 — L'Heureux présage. Très-belle ép. Sans marge.

131 — Les Délices de la maternité. Jolie pièce gravée par Helman. Très-belle ép. avec A. P. D. R.

132 — Le pari gagné, gravé par Cameligue (A. P. D. R). Très-belle ép.

133 — Arrivée de la Reine à l'Hôtel-de-Ville, feu d'artifice (fêtes données par la ville de Paris, le 21 janvier 1782). 2 belles et grandes pièces. Très-belles ép. avant la lettre.

134 **Naiwinex**. 2 charmants paysages. nos 1 et 7. *Rares*.

135 **Née**. La chambre du cœur de Voltaire, pièce intéressante pour les portraits qui s'y trouvent, parmi lesquels ceux de : Mme Geoffrin, la marquise de Villette, Mlle Clairon, la duchesse de la Vallière, la comtesse d'Angivillers, etc. Très-belle ép. avant la lettre.

136 **Neefs** (J.). Le Satyre et le Paysan, d'après Jordaens. Belle ép. *avec l'adresse de Bloteling*.

137 **Ostade** (Adrien Van). Le Fumeur à la fenêtre. B. 10. Très-belle ép.

138 — Le Charcutier. B. 41.

139 **Pamart** (Le Ch. de). La Marchande de Châtaignes, d'après Aug. de Saint-Aubin. Charmante pièce. *Assez rare*. Très-belle ép.

140 **Pesne** (Jean.). Testament d'Eudamidas, d'après N. Poussin. Belle ép.

141 **Pether** (W.) Artistes dessinant d'après le modèle, d'après Wright. A la manière noire. Très-belle ép.

142 **Photographies**. Sainte-Famille, d'après Raphaël, même sujet d'après l'estampe de G. Edelinck. 2 p.

143 **Picart**. Marie-Stuart décapitée dans le château de Fotheringey, Charles Ier décapité à Witehall. 2 p. in-4°. Très-belles ép.

144 — Recueil de Lions, d'après divers maîtres. 41 p.

145 **Pontius** (Paul). Jésus-Christ battu de verges, d'après Rubens. Très-belle ép. avec Gillis Hendricx *excudit. antverpiæ*.

146 **Porporati**. Le Coucher, d'après Vanloo. Très-belle ép.

147 — Vénus caressant l'Amour, d'après Pompeo Battoni. Belle ép.

148 **Prud'hon** (d'après). Abrocome, gravé par Roger. Très-belle ép. avant la lettre. *Rare.*

149 — Aminta, gravé par Roger. Très-belle ép.

150 — Innocence et Amour. Épreuve d'eau forte. *Rare.*

151 — Innocence et Amour, gravé par Villerey. Superbe ép. avant la lettre. Grandes marges. *Rare.*

152 **Queverdo**. Nouvelle du bien-aimé, gravé par Romanet. Très-belle ép.

153 **Raphaël** (D'après). Guérison d'un paralytique. *Jacobus Laurus exc.*

154 **Rembrandt**. Le Triomphe de Mardochée, morceau très-fini. Cl. 44. Belle ép. de la planche non ébarbée.

155 — Fuite en Egypte. Cl. 56. L'une des petites pièces les plus recherchées du maître. Très-belle ép.

156 — La Sainte-Famille. Cl. 66. 2e état. Trés-belle ép.

157 — La petite résurrection de Lazare. Cl. 76. Très-belle ép.

158 — La Mort de la Vierge. Cl. 102. Belle ép.

159 — Gueux dans le goût de Callot. 163. La femme à la Calebasse, 165. Gueux, 174. 3 p. Belles ép.

160 — Le Berger et sa Famille. Cl. 217. *Rare.* Très-belle ép.

161 — Petit buste de la mère de Rembrandt. Cl. 343. Morceau d'une parfaite exécution. Belle ép.

162 **Reni** (Guido) Sainte-Famille où l'on voit deux anges répandant des fleurs sur la tête de la Vierge et de l'Enfant Jésus. Très-belle ép.

163 — L'Enfant Jésus et le petit Saint-Jean. Belle eau forte.

164 **Rubens** (d'après). Conversion de saint Paul ; les Pères de l'Église, deux pièces gravées par S. Bolswert ; Melchisedech, gravé par Vitdouc. 3 pièces.

165 **Ruisdaël** (d'après). Paysage gravé par Weisbrod ; autre paysage avant toute lettre. 2 pièces.

166 **Ryland**. La Joueuse de serinette, d'après Angelica Kauffmann.

167 **Saint-Aubin** (Gabriel de). Convalescence du Dauphin. *Baudicour*. 3 très-belle ép.

167 bis — Charlatan débitant ses drogues sur le Pont-Neuf. *Baudicour*. 15. Très-belle ép. du premier état.

168 — Conférence de l'ordre des avocats. *Baudicour*. 21 très-belle ép.

169 — Bataille de Fontenoi. On voit dans le fond une vive attaque d'infanterie et une charge de cavalerie. Sur le premier plan vers la droite un cavalier sonnant de la trompette. Joli pièce à l'eau forte.

L'exécution de cette pièce diffère beaucoup du travail ordinaire de Gabriel de Saint-Aubin, et nous la considérons comme *douteuse*. Cependant *dans le titre* : Bataille de Fontenoi les lettres ressemblent parfaitement à celles que notre artiste a gravées lui-même sur quelques-unes de ses pièces.

Toutes les pièces de Gabriel de Saint-Aubin sont *fort rares* et recherchées.

170 **Saverwied**. Scènes de cosaques. 2 pièces à l'eau forte.

171 **Schellenberg**. Machine sûre et commode pour tirer des silhouettes.

172 **Schmidt**. Mère de Rembrandt, d'après Rembrandt. Cl. 4. Très-belle ép.

« Ce morceau, dit Claussin, admirable d'exécution et d'expression, ne tombe pas facilement sous la main, surtout beau d'épreuve. »

173 — Le philosophe dans la grotte, d'après Rembrandt. Cl. 7. Belle ép.

174 — La juive fiancée, d'après Rembrandt. Cl. 23. Très-belle ép.

175 — Mme Schmidt assise et lisant. Beau portr. à l'eau forte. Cl. 33. Très-belle ép.

176 — Mère de Rembrandt, d'après Rembrandt. Cl. 3. Hirsch Michel; 36. 2 pièces. Très-belles ép.

177 **Schultze**. Vénus liant les ailes de l'Amour, d'après Mme Lebrun. Très-belle ép. avant la lettre.

178 **Simon** (P.). Shakespeare. Much ado about noting, acte III, scène I, d'après Pethers. Grande et belle pièce.

179 **Smith** (J. R.). The Grisset. Très-belle ép.

180 — Jeune Lady avec ses enfants faisant la charité à une femme; vieillard demandant la charité à de jeunes garçons. 2 pièces d'après Bigg; plus une caricature, d'après Bunbury. 3 pièces.

181 **Strange**. Le retour du marché d'après Wouverman. Très-belle ép., avec marges.

182 **Surugue** (L.). Daphnis jouant de la musette, d'après Ch. Coypel. Très-belle ép.

183 **Tiepolo** (Dominique). Saint Jean prêchant, d'après Jean-Baptiste Tiepolo. Très-belle ép.

184 **Tomba**. Ecole de dessin, d'après Giani. Très-belle ép.

185 **Vischer** (Jean). La noce villageoise, d'après Ostade. Très-belle ép. avant que la planche n'ait été divisée en deux.

186 — Le Tâtonneur, d'après Ostade. Belle ép. avec l'adresse de *F. de Witt.*

187 **Vorstermann** (Lucas). Adoration des Mages, d'après Rubens, en 2 planches. Très-belle ép.

188 **Waterloo**. Le Charriot; l'échelle conduisant à l'eau; 15 et 16. 2 pièces très-belle ép. La première sur *papier à la folie.*

189 — L'entrée du bois. 55. Les deux cavaliers 63 ; le petit bossu 121 ; le petit pont traversant le ruisseau 124 ; Vénus et Adonis 129. Anciennes et belles ép., 5 pièces.

190 **Watteau** (d'après). Leçon d'amour, gravé par C. Dupuis. C'est une des plus charmantes compositions du maître. Ep. superbe avec marges.

191 — La diseuse d'aventure; Jolie pièce gravée par Cars Très-belle ép.

192 — Le bal champêtre, l'une des plus belles compositions du maître. Très-belle ép.

193 — L'accordée de village, gravé par N. de Larmessin. Très-belle ép.

194 — La mariée de village, grande et belle pièce, gravée par C. N. Cochin. Très-belle ép.

195 — Triomphe de Cérès, gravé par Crépy. belle ép.

196 — L'accord parfait, gravé par Baron. Belle ép.

197 — L'Amour paisible; les Entretiens badins; la Sultane; 3 pièces.

198 — Diane au bain. Gravé par Aveline. Jolie pièce. Très-belle ép.

199 — Trophées gravés par Huquier. 12 pièces y compris le titre.

200 — L'innocent Badinage; les plaisirs de la jeunesse; 2 pièces arabesques gravées par Huquier.

201 **White** (Ch.). Love. Très-belle ép.

202 **Will**. La Mort de Marc-Antoine, d'après Pompeo Battoni. Très-belle ép.

203 **Will** fils, 1780. Le petit Vauxhall, jolie pièce de mœurs. Très-belle ép.

204 **Wilman**, 1683. Assomption de la Vierge entourée de Chérubins, et soutenue par des anges, belle eau-forte. Très-belle ép.

205 **Wollet**. The Cottagers, d'après Corneille Dusart. Trés-belle ép.

206 — Temple d'Apollon ; édifices en ruines, 2 beaux paysages d'après Cl. Lorrain. Très-belles ép.

207 **Wollet et Élis**. Solitude d'après Wilson. Très-belle ép.

208 **Zeeman**. Une marine. Très-belle ép.

VUES

DE PARIS, DE PROVINCES DE FRANCE ET D'ITALIE

209 **Anonyme**. Prison des Magdelonettes, devenue maison d'arrêt, sous la tyrannie de Robespierre, l'an II.

210 **Bella** (Et. de la). Perspective du Pont-Neuf de Paris, l'une des pièces capitales du maître. Ancienne et très-belle ép.

211 **Campion, Janinet**, etc. La Fontaine des Innocents, les Quatre-Nations; Nouvelles barrières, route d'Orléans; une façade du Louvre. 4 pièces en couleur.

212 **Flamen**. Le vieux château et partie du pont de Corbeil; vue de Soisy. 2 pièces.

213 **Gaultier** (Léonard). Lutetia, urbs Parisiorum.

214 **Larmessin** (N. de). Le bois de Boulogne; dans le haut à gauche, se voit l'abbaye de Longchamps. Les six vers suivants qui sont au bas de la pièce indiquent suffisamment ce qu'elle représente : un lieu de réjouissance très-fréquenté.

Très-grande pièce en largeur en trois planches remplie de personnages à costumes du temps de Louis XIV, dans la manière des Bonnart. *Très-rare.*

Boulongne dans ton bois on gouste des plaisirs,
Capables d'adoucir tous les maux de la vie.
On y peut contenter ses plus tendres désirs,
Dans les jeux, les festins, le bal, la symphonie;
Taschons de profiter des plus beaux de nos jours,
Ils ne dureront pas toujours.

215 **Lespinasse** (Chevalier de). Vue de Paris prise du Pont-Royal, regardant le Pont-Neuf; vue perspective de la place Louis XV, et du pont de Louis XVI. 2 pièces gravées par Berthault.

216 **Martial**. Diverses vues de Paris. 14 pièces.

217 **Meryon** (C.). Partie de la Cité de Paris sur la rive gauche de la Seine entre le pont Notre Dame et le pont au Change (vers la fin du XVIIe siècle) superbe et *très-rare* ép. avant que le ciel n'ait été terminé à gauche et avant la lettre sur la tablette à droite.

Il existe au plus 2 épreuves de cet état.

218 **Perelle**. Le Pont-Neuf du côté du Louvre; hôtel de ville de Paris; la place Dauphine, perspective de la ville de Paris; vue du Pont-Rouge; la porte Saint-Antoine. 5 pièces très-belles ép. *avec l'adresse de Langlois.*

219 — Notre-Dame; l'Observatoire; le Louvre; la tête de l'isle du Palais; château de Versailles, de Chaville, etc. 28 pièces.

220 **Regnault** (T. C.). Mascarons de Jean Goujon pour la décoration du Pont-Neuf; ruines romaines découvertes à Paris. 2 pièces.

221 **Silvestre.** Saint-Germain-en-Laye. 48-12. Très-belle ép. du premier état. *Rare.*

222 — Vues et perspective de l'église et de la Cour du Temple. F. 50-3. Ép. superbe.

223 — Eglise et Cour du Temple; église de Notre-Dame-de-Boulogne; F. 50-3 et 6. 2 pièces très-belles ép.

224 — Vues et perspectives de la Tour de Nesle et de l'hôtel de Nevers. 50-4 Pièce fort recherchée.

225 — Titre de la suite F. 50. Eglise Saint-Martin-des-Champs; village et pont de Charenton; 50-6 et 7. 3 pièces.

226 — Vue de l'isle Louvier, 52-8. Le paysage est de Herman Swanweldt. Très-belle ép.

227 — Vue du Pont-Neuf et de l'isle du Palais, 53-3 ; plus la copie de cette pièce de forme ronde ; fontaine Saint-Innocent à Paris 59-2. 3 pièces.

228 — Les Petits-Augustins du faubourg Saint-Germain, 55-1. Très-belle ép. du premier état.

229 — Eglise de Venteuil près la Roche-Guion, 55-14. Très-belle ép. du premier état.

230 — Château de Maison ; vue et perspective de Saint-Cloud ; de la Cascade du jardin de l'archevêque de Paris à Saint-Cloud ; F. 63-1, 16 et 18. 3 pièces, très-belles ép.

231 — Bastion Saint-Jean à Lyon, etc. F. 234-10, 15, 17, 19 et 30. 5 pièces.

232 — Vue du château, des jardins et de la ville de Versailles. F. 317-16. Très-belle ép. du premier état avant toute lettre. — Vue du Château de Versailles du côté du jardin 317-20, troisième état.

233 — Village de Fléville près Nancy ; Saint-Florentin en Bourgogne ; château de Vassy en Champagne, etc. 6 pièces.

234 — Diverses vues de ports de mer, titre ; château de Valery ; grotte rustique à Fontainebleau, place Saint-Marc à Venise ; de la colonne Antoniane ; du château Saint-Ange à Rome, etc. 8 pièces.

235 — Église Saint-Pierre de Rome, Campo Vaccino ; Colisée ; S. Maria maggiore, etc. 10 pièces.

236 **Varin** frères. Vue du Palais-Royal, des galeries et du jardin d'après le chev. de Lespinasse. Très-belle ép.

PIÈCES MODERNES

237 **Audouin** (P.). La Vierge, l'Enfant Jésus et saint Jean, d'après Raphaël. Très-belle ép. avant la lettre.

238 **Bodmer** (Karl). Chevreuils et canards. 2 jolies pièces.

239 **Bonington.** Édimbourg, vue de la chapelle Saint-Antoine ; château d'Harcourt ; tombeau de Marguerite de Bourbon, église de Brou ; Pierre de Vaivre ; Tour aux archives à Vernon ; entrée de la rade de Rio-Janeiro, etc. 9 pièces.

240 **Boucher-Desnoyers.** La Vierge au Donataire, dite de Foligno, d'après Raphaël. Très-belle ép. *avec le cachet à deux têtes.*

241 — Napoléon le Grand, d'après Gérard, en pied. Très-belle ép. du premier état avec le cachet à l'aigle.

242 **Charlet.** Paysan assis ; il est coiffé d'un bonnet et tourné vers la droite. Au vernis mou.

Cette épreuve est celle qui fut montrée au directeur de l'*Artiste*, lequel pria Charlet d'ajouter quelque chose sur la planche pour lui donner plus d'importance. Charlet ajouta quatre autres croquis et la planche fut ainsi publiée. Mais la figure du paysan assis, premier jet de notre artiste, est la seule vraiment remarquable de ce morceau. *L'on ignore s'il existe une autre épreuve de cette pièce où le paysan est seul. Cet état manquait à la collection du colonel Lacombe, qui ne possédait que l'épreuve ordinaire décrite ci-après* (nº 560 de son catalogue).

— La même pièce, état publié par l'*Artiste.*

243 — 42 pièces.

244 **Corrége** (d'après). Jupiter et Antiope. Très-belle ép. avant toute lettre.

245 **Decamps.** Le gardeur de porcs, à l'eau-forte.

246 **Desmadryl**. Samson tuant les Philistins, d'après le tableau de Decamps. Eau forte du premier état *avant la retouche de Berthoud.*

Dans cet état elle est la seule reproduction vraiment digne de Decamps. Mais elle ne fut pas trouvée suffisamment terminée pour être publiée. Le directeur de *l'Artiste* la fit remanier par un autre graveur. Il n'a été tiré de cet état que *3 ép.* L'on ignore si les deux autres subsistent encore. *De la plus grande rareté.* — La même pièce épreuve de la planche retouchée, publiée par l'*Artiste.*

247 **Divers.** Peintre dessinant d'après une femme nue à demi couchée. Très-belle ép. avant toute lettre, sur chine.

248 **Flers**. Paysage ; chaumières à gauche. Ep. d'essai de l'une de ses eaux fortes. *Très-rare.*

249 **Géricault** (par et d'après). 7 pièces.

250 **Huet** (Paul). Paysage dont le fond est occupé par des chaumières ; une mare sur le devant. C'est le premier essai d'eau-forte du maître. Premier état. Autre ép. du deuxième état.

Ces épreuves sont probablement *les seules qui subsistent.*

251 — Paysage en largeur. Cours d'eau dont les bords sont boisés ; au milieu, sur le devant, un homme et une femme causant. Eau-forte d'une grande légèreté. Deuxième essai d'eau-forte du maître. *Probablement unique.*

252 — Paysage en hauteur. Essai d'eau forte. *Ep. unique.*

253 **Jeanron** (André). Un âne couvert de son bât; autre, porteur de hottes; 2 p. à l'eau-forte. Très-belles ep.

254 — Enfant assis et tristement accoudé; 1re et 2e épreuve; buste d'homme drapé à la manière des Arabes (il existe 4 épreuves). Ce sont des premiers essais eau-forte, *fort rares.*

255 **Jolivard**. Paysage; à droite, maison rustique. Sur le devant, du même côté, une laveuse. Très-belle épreuve du 1er état; avant une figure adossée à un barrage à gauche; avant la suppression d'une figure derrière la laveuse, etc. Très-belle *et rare. Il existe* 6 *épreuves* de cet état.

— La même pièce avec les changements.

256 — Paysage. A gauche une passerelle en bois. Très-belle épr. du 1er état, avant le trait carré et avant le nom dans le milieu du haut et le numéro. *Rare.*

257 **Landseer** (d'après). The Sanctuary. Très-belle épr.

258 **Lemud**. Les Dénicheurs, les Maraudeurs. 2 p. lithographies, portant au bas la signature de l'artiste au crayon.

259 **Leroux**. Léda, d'après Léonard de Vinci. Superbe ép. avant la lettre sur Chine. Au bas, on lit, écrit au crayon : *A mon ami Simonet Leroux.*

260 **Leroux** (Eugène). Lazare à la porte du riche, d'après Adrien Guignet. Belle composition lithographiée. Très-belle épr.

261 **Lewis** (J.-F.). Chevaux et ânes au pâturage et à l'étable ; chiens, cerf, etc. 12 jolies eaux-fortes.

262 **Lignon** (F.). Portrait de Léon X entre deux autres personnages, d'après Raphaël. Très-belle ép. avant toute lettre.

263 **Massard** (Raph. Urb.). Atala, d'après Girodet. Très-belle ép.

264 **Meissonier.** Le petit Fumeur. Superbe épreuve avant divers travaux, notamment sur la table. La canette, posée sur la table, n'est pas terminée. La planche n'ayant pas été rognée à la dimension ordinaire du sujet, cette épreuve a été tirée avec les fantaisies que l'artiste a gravées sur différentes parties du cuivre. Au-dessus du fumeur, on remarque un premier essai du même sujet ; la tête seule est assez avancée. Vers le milieu, on voit une petite composition représentant un officier assis à une table et écrivant. Un militaire est debout devant lui, de l'autre côté de la table. Au-dessous, vers la gauche, groupe d'amants qui s'embrassent, et, au-dessous, jeune fille assise, cette dernière dessinée et gravée par Emile Wattier. Quelques autres griffonnements moins importants existent sur la planche.

De cet état, il a été tiré seulement trois épreuves, qui sont par conséquent de la plus grande rareté.

265 — Le petit Fumeur. Belle ép. de la planche telle qu'elle a été publiée.

266 — Un personnage coiffé d'un tricorne, l'effroi peint sur la figure s'enfuit, en se dirigeant vers la droite. Épreuve tirée par l'artiste lui-même. *Excessivement rare.* Il n'existe de cette pièce que trois épreuves, deux semblables à celle ci, une troisième retouchée à la pointe sèche. *La planche a été détruite.*

Cette eau-forte avait été exécutée pour : *les deux Perdrix des Contes rémois.* Il devait en être ainsi pour les autres contes. M. Meissonier renonça à l'exécution de ces eaux-fortes et fit les dessins qui furent gravés sur bois.

267 — Paysage. Au premier plan, une rivière avec bateau sur lequel sont deux pêcheurs à la ligne, l'un assis à gauche, l'autre debout au milieu. Sur le bateau, à gauche, le monogramme de l'artiste et la date 1841. Charmante eau-forte *dont il n'existe peut-être que cette épreuve.*

Au dos, une épr. de la planche moins avancée.

268 — Autre paysage. Sur le devant, on voit une rivière dans laquelle tombe une cascade arrivant d'un cours d'eau supérieur encaissé par une masse de rochers. Sur des rochers, à droite, est assis un pêcheur à la ligne.

1er état imprimé par l'artiste lui-même *à une seule épreuve.*

269 — La même pièce. Diverses parties ont été grattées ; la rivière et la cascade ont disparu ainsi que la masse de rochers sur le devant. Le massif de verdure, à l'état d'esquisse dans l'état précédent, a été augmenté.

Tiré également à une seule épreuve par l'artiste.

270 **Migneret** (Ad.). Molière mourant, d'après Vafiard.

271 **Morghen** (R.). Thalie. Très-belle épr.

272 — Vénus et l'Amour, d'après J. Palma. Très-belle ép. avant toute lettre.

273 **Muller** (J.-G.). Louis XVI, d'après Duplessis. Grand et beau portrait en pied. Très-belle ép.

274 **Nanteuil** (Célestin), 1835. Un très-beau titre, gravé à l'eau-forte. 1re et très-belle ép. avant les travaux de raccord. *Très-rare.*

275 **Orléans** (Louis d') *del. et sculps. 1834.* Cadet. Cheval de limon couvert de son harnais. A l'eau-forte. *Très-rare.*

276 **Pelée**. Sainte Famille, d'après Raphaël. Au bas, un enfant tenant un poisson. Superbe ép. avant toute lettre.

277 **Thomas**. Atelier de peintre, d'après Craesbeke. Très-belle ép. avant la lettre.

PORTRAITS

278 **Anonymes**. Horatii Gonzalis effigies; personnage dont la face rappelle la figure des satyres.

279 — Decker, peintre. Ép. avant toute lettre.

280 — Philippe Habert. In-4.

281 — Une feuille contenant 14 médaillons, portraits de femmes vues de profil, parmi lesquelles : Ninon de Lenclos, Mme de Maintenon, Mme de Montespan, Mme de La Vallière.

282 **Ardell** (J. Mac.). Rubens, sa femme et son fils, d'après Rubens. In-fol. Très-belle ép.

283 **B.** 1765. Voltaire assis à une table et écrivant. Grand in-4. Très-belle ép.

284 **Balechou**. Anne-Charlotte-Gauthier de Loiserolle, femme d'Aved, peintre. In-fol. Très-belle ép.

285 **Bartolozzi**. Marie, reine d'Écosse, avec son fils Jacques Ier, enfant, d'après F. Zuccheri. En pied. Très-belle ép.

286 — N. Bonaparte, d'après Appiani. Beau portrait in-fol. Très-belle ép.

287 **Basset** jeune (chez). Marat en regard de Lepelletier-Saint-Fargeau; deux médaillons ronds, au-dessous desquels on voit deux petits médaillons ovales renfermant : le premier, à gauche, Paris, avec cette légende : *Assassin de L.-M. Lepelletier,* et, à droite, Charlotte Corday, avec cette légende : *Assassin de Marat.* Pièce *excessivement rare.*

288 **Beauvarlet.** Princesse de Galitzin, d'après Lefèvre. Grand in-4. Très-belle ép.

289 **Boulanger**. Michel Nostradamus. In-4. *Rare.* Belle ép.

290 **Boutelou**. M.-J. de Chénier, d'après C. Lefebvre. Charmant petit portrait. Au-dessous, scène de la tragédie de Charles IX. Très-belle ép.

291 **Broksaw** (R.). Louis XVI et Marie-Antoinette, médaillons ovales ornementés. 2 pièces imprimées à la sanguine.

292 **Bromley** (W.). Duc de Vellington à cheval, d'après Thomas Lawrence. Grand in-fol. Très-belle ép.

293 **Carmontelle**. Franklin. In fol. Très-belle ép.

294 **Cochin** (d'après). Boucher, P.-J. Mariette, Roslin, Louis de Silvestre, Carle Vanloo. 5 pièces. Très-belles ép.

295 — Chardin, Caffiery, Hallé. 3 p. Belles ép.

296 — Alexis Piron, d'après Hoin. In-4. Très-belle ép.

297 **Daullé** (J.). Hyacinthe Rigaud et sa femme, d'après Rigaud. In-fol.

298 **Delaunay** (N.). Jean-Baptiste-François de Troy fils, d'après Aved. In-fol. Très-belle ép.

299 **Divers**. Charlotte Corday, *à l'instant où elle s'apperçoit qu'un des auditeurs est occupé à la dessiner. Elle tourne la tête de son côté*. Joli portrait in-8. *Très-rare*.

300 — Fénelon, par Saint-Aubin ; Montesquieu, par Delaunay, d'après Marillier ; Lenormant du Coudray, par Gaucher; Mlle Crozat, par Langlois; Marie-Louise de Savoie, par Lebeau ; La Fontaine, par Audouin, etc. 11 portraits.

301 — Henri IV par de Marcenay; Helvétius, par Saint-Aubin ; Spalding, par Bause ; Galba. 4 p.

302 — Portrait de Murillo. Très-belle ép.

303 **Drevet** (Claude). Mme Lebret sous la figure de Cérès, d'après Rigaud. In-fol. Très-belle ép. avec marges.

304 **Drevet** (P.). Jean Issaly, conseiller secrétaire du roi, etc, d'après Largillière. In-4. Épreuve superbe.

305 — Samuel Bernard d'après Rigaud. Grand et beau portrait. Belle ép.

306 -- Cisternay du Fay, d'après Rigaud. Joli petit portrait. Belle ép.

307 **Duchange**. F. Girardon, d'après Rigaud. In-fol. Très-belle ép.

308 **Dupin** fils. Comte d'Artois, d'après Hall. Charmant portrait in-4. Très-belle épreuve.

309 **Dyck** (d'après Van). Le prince Thomas de Savoie. Gravé par Lommelin. Superbe ép. avant toute lettre. *Très-rare en cet état.*

310 — Rombouts, Simon de Vos, par Pontius ; Mallery ; Hubert van den Eyden ; par Worstermann. 4 pièces.

311 **Earlom**. James Stuart, duc de Richemond, d'après Vandyck ; beau portrait en pied grand in-fol. Très-belle ép., avant la lettre.

312 **Edelinck**. Jacques II, roi d'Angleterre, d'après Kneller ; joli petit portrait. R. D. 226. Très-belle ép. du 2e état.

313 — Frédéric Léonard, premier imprimeur du roi et du clergé, d'après H. Rigaud. R. D. 242. Superbe épreuve du 1er état avant la banderole et la devise au-dessus de l'écusson d'armes, et avant la virgule qui suit le mot : *Bruxellensis. Très-rare.*

M. Robert Dumesnil ajoute, dans une note, que la seule épreuve *qu'il ait jamais vue de ce* 1er état fait partie de la collection de *M. De la Salle.* Cette collection a été vendue en 1856, et ce portrait n'y figure pas. M. De la Salle aura sans doute tenu à conserver ce beau portrait qui, dans cet état, est un morceau des plus précieux.

314 — N. Verien, graveur de devises et cachets. R. D. 335. Très belle ép. du 3e état.

315 **Falck**. (J.). Christine de Suède, coiffée d'un casque; petit in-fol. *rare.* Très-belle ép.

316 — Oxenstiern, d'après D. B.; petit in-fol. Très-belle ép.

317 **Fiquet**. J.-J. Rousseau, d'après Latour, l'un des plus charmants portraits gravés par l'artiste. Très-belle ép. avant la lettre; *rare en cet état.*

318 — Mme de Maintenon, d'après Mignard. Belle ép. sur papier double.

319 — Fénelon, d'après Vivien. Très-belle ép.

320 — Vadé, d'après Richard. Très-belle ép.; *ce qui est rare à rencontrer pour ce portrait.*

321 — Lamothe Levayer. Très-belle ép.

322 — Van Huysum. Très-belle ép., avant toute lettre; *rare.*

323 — Montaigne, Regnard, 2 pièces. Belles ép.

324 — Gabrielle d'Estrées, d'après Dumoustier. Belle ép.

325 — L'Abbé Prevost; Charles de Valois; Hyacinthe Rigaud; 3 pièces Très-belles ép.

326 **Frey**. (J. de). Dubois. Très-belle ép., avant toute lettre.

327 **Gaultier.** (Léonard) Henri de Bourbon, prince de Condé, à l'âge de 16 ans; joli petit portrait. Très-belle ép.

328 **Giffart**. Louis Lasseré, conseiller du roi; in-4o. Très-belle ép., avant la lettre.

329 **Goltzius.** (manière de) Jean Zurenus, petit médaillon ovale sans nom de graveur, qui nous paraît un 2me portrait du personnage gravé par Goltzins dans une moindre dimension.

330 **Green.** (V.). Sir Joshua Reynolds, d'après lui-même ; in-fol. Très-belle ép.

331 **Greuze.** (d'après) Louis Gougenot, abbé de Chezal-Benoist, associé libre de l'académie de peinture et sculpture, gravé par Dupuis; in-4o. Très-belle ép.

332 **Hollar.** Rubens dans un cartouche oruementé; in-4o. Très belle ép.

333 **Houbraken.** Marie-Elisabeth-Joseph, archiduchesse d'Autriche; in-fol. Très-belle ép.

334 **Isac.** (manière de) Christophe de Thou; in-4o. Portrait du temps.

335 **Larmessin** (N. de). Guil. Coustou, d'après de Lien; in-fol. Belle ép.

336 **Lawrence** (d'après). Lord Eldcn, gravé par Doo. Très-belle ép. avant la lettre.

337 — Marchioness of Exeter, gravé par Reynolds. Très-belle ép.

338 — William Bleamire, gravé par Young. Très-belle ép.

339 — Portrait d'homme, gravé par Samuel Cousins. Très-belle ép. avant la lettre.

340 **Lebeau.** Louis XV avec une petite vue de la place Louis XV dans la tablette du bas; in-4o. 1re et très-belle ép., *avec l'adresse du graveur.*

341 **Lemire** (N.). Hue de Miromenil; jolie petite pièce avec vue de Rouen dans le fond. Très-belle ép.

342 **Lempereur.** Mme Duchâtelet, d'après Monnet; in-4o. Belle ép.

343 **Leu** (Thomas de). Louise de Lorraine, princesse de Conty; in-4o. *Desrochers ex.* Assez belle ép.

344 **Loysi** (P. de). Nicolas de Gougenot, écrivain (calligraphe) dijonnais; in-4o. *rare.* Très-belle ép.

345 **Massard** (à Paris chez). Princesse de Lamballe, vue de profil. In-4o.

346 **Meyssens** (Jean.), *excudit.* Jacob Stoop, d'après Popels. Très belle ép.

347 **Morace.** Angelica Kauffmann, d'après Reynolds; in-fol. Très-belle ép.

348 **Moreau** (jeune, 1770). D. Pineau, sculpteur, d'après Merelle; in-8o. Charmant portrait, *rare.* Très-belle ép.

349 — J. Vernet, gravé par Cathelin. In-4o.

350 **Morghen** (R.). Laurent de Médicis, d'après Vasari; Cosme, père, gravé par Perfetti. 2 pièces.

351 **Morin** (Jean.). Robert Arnauld d'Andilly. R. D. 42. Très-belle ép.

352 — Le cardinal Bentivoglio, d'après Vandyck. R. D. 43. Très-belle ép. d'un magnifique portrait.

353 — Henri de Lorraine, comte d'Harcourt, d'après Ph. de Champagne. R. D. 58. Très-belle ép.

354 **Moyreau.** Louis-Gaston Fleuriau d(Armenonville, évêque d'Orléans; Nicolas-Joseph de Paris, coadjuteur d'Orléans. Sur la même feuille, pièce *rare.* In-4o. Très-belle ép.

355 **Muller** (J. B.). Jean-Georges Will, d'après Greuze.

356 **Muller** (J. G.). Antonio Graff, peintre, d'après lui-même. Très-belle ép.

357 — Jenner; in-fol. Ep. avant la lettre.

358 **Nanteuil**. Louise-Marie de Gonzague, reine de Pologne. R. D. 164. Très-belle ép. du 2e état.

359 — George de Scudery. R. D. 221. Très-belle ép. du 1er état.

360 — Denis Talon, président à mortier au parlement de Paris. R. D. 228. Epreuve superbe.

361 **Newton** (R.). Goldsmith, d'après J. Reynolds.

362 **Pesne** (Jean). François Langlois, natif de Chartres, d'après Vandyck. R. D. 97. Très-belle ép. du 2e état.

363 **Pitteri**. Scipion Maffei, Piazzetta, 2 portraits in-fol.

364 **Reynolds** Joshua (d'après). Comtesse de Pembroke, et le jeune lord Herbert, gravé par Dixon. Très-belle ép.

365 — Marquis de Granby, gravé par Watson, grand et beau portrait en pied.

366 **Reynolds** (W.). Kean dans Brutus, d'après Northcote. En pied, grand in-fol.

367 **Romanet**. Honoré Sébastien Royllet, d'après De Forville. Très-belle ép.

368 **Roullet**. Jean-Baptiste Lully, d'après Paul Mignard. In-fol.

369 **Saint-Aubin** (Augustin de). Molé, de la Comédie française, d'après Aubri. Très-belle ép. avant la lettre. *Rare en cet état.*

370 — Pellerin, célèbre amateur de médailles; in-4°. très-belle ép. avant la lettre.

371 — Moreau jeune, d'après Cochin, charmant petit portrait. Très-belle épr.

372 **Savart**. Louis-le-Grand, d'après Rigaud, charmant petit portrait. 1re et très-belle épr. avec l'adresse : *Barrière de Fontarabie.*

373 — Le Grand Condé, d'après Juste. Très-belle ép.

374 — D'Alembert. Très-belle épr. avant la lettre.

375 — Nicolas de Livry, évêque de Callinique, petit chef-d'œuvre de finesse. 1re et superbe épr.

376 — Mme Deshoulières, charmant petit portrait, d'après E. Sophie Cheron. Très-belle épr.

377 — Rabelais, d'après Sarrabat. Très-belle épr. avec la 1re adresse, qui est pour ce portrait l'hôtel Chamouzet.

378 — Racine, Fénelon, deux charmants portraits. d'une grande finesse d'exécution. Très-belles ép.

379 — Labruyère, d'après de Saint-Jean. Épr. sup.

380 **Schmidt**. De Latour, d'après lui-même. Il est représenté accoudé sur l'appui d'une fenêtre, in-fol. Très-belle épreuve, avec l'adresse du graveur, *quai des Morfondus*, *proche la rue du Harlai.*

381 — Antoine Pesne, d'après lui-même, in-fol. Très-belle épr.

382 — Joseph Parrocel, d'après Rigaud, in-4. Très-belle épr.

383 **Schuppen** (P. Van), 1684. Louis, dauphin de France, fils de Louis XIV, d'après F. De Troy, grand in-fol. Très-belle épr.

384 — 1697. Thierri Bignon, premier président au grand conseil, d'après F. De Troy, in-fol. Très-belle épr.

385 — Siméon Joseph Barbot de Lardeinne, avocat aux conseils du roi, d'après Ferdinand Vout, in-fol. Très-belle épr. collée en plein.

386 **Sergent**. Necker, d'après Duplessis. En couleur.

387 **Sichling** (L.). Gluck, Haydn, Mozart, Beethoven, etc. 6 portraits avant la lettre.

388 **Surugue**. Silvia, actrice célèbre du Théâtre-Italien, d'après Latour. Très-belle épreuve avant toute lettre.

— Au dos épreuve de la planche non terminée.

389 **Suyderhoef**. Daniel Heinsius, d'après Merck, l'un des plus beaux portraits de notre artiste, in-fol. Épreuve superbe.

390 — Jean Hornbeck, l'un des beaux portraits gravés par l'artiste. 1re et superbe épr. avec *l'adresse de Goos.*

391 — Swalmius, très-beau portrait, d'après Rembrandt 1re et superbe épr., avec *Goos excudit.*

392 — Winsemius. Très-belle épr.

393 — Jeanne, femme de Philippe Ier, roi d'Espagne, in-fol. Très-belle épr.

394 **Thomassin** (S.). Dandré Bardon, peintre, d'après J. B. Vanloo.

395 **Trouvain**. Houasse, peintre, d'après Tortebat, in-fol. Très-belle épr.

396 **Vermeulen**. Charles-Amédée Broglie, comte de Revel, lieutenant-général des armées du roi, d'après Rigaud, in-fol. Très-belle épr.

397 — Roettiers, d'après Largillière, in-fol. Très-belle épr.

398 — Nicolas Van der Borcht, d'après Van Dyck. Beau portrait en pied.

399 **Visscher** (L.). Marie-Thérèse, reine de France, d'après Vanloo, in-fol. Épreuve superbe.

400 **Visscher** (C.). Philippe II, roi d'Espagne, d'ap. Titien, in-fol.

401 **Vorstermann** (Lucas). Théodore Galle, d'après Van Dyck. Très-belle épr., avec l'adresse de *Martin Van den Eden.*

402 **Wollett** (W.). Rubens, d'après Van Dyck. Très-belle épr.

DESSINS

403 **Dumas**, architecte. Vue en perspective de la Halle à la marée, Cour des Miracles, aux Petits-Carreaux, commencée en 1785, et finie au mois de juillet 1786. Beau dessin très-terminé et lavé.

404 **Gaudelet** (Ch.). Un vase rempli de fleurs de différentes espèces rendues avec beaucoup de vérité. Charmante aquarelle.

405 **Rubens** (d'après). Saint Ambroise s'opposant à l'entrée de l'empereur Théodose dans le Temple. Beau dessin que l'on pourrait attribuer à Schmuzer, qui a gravé le tableau.

406 **Divers**. Douze jolies petites gouaches en rond représentant : vue de Lugano, en Suisse ; château de Chillon ; de Glerolle, sur le lac de Genève ; vues de Grèce, etc.

407 — Fontaine monumentale. Beau dessin lavé.

408 — Bolureau, doyen des maîtres peintres, marchand d'estampes et tableaux, mort vers 1745, en pied, un carton sous le bras. Dessin à la sanguine.

409 Sous ce numéro seront vendues par lots les pièces non cataloguées, estampes de diverses écoles, portraits, caricatures, etc.

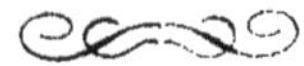

www.ingramcontent.com/pod-product-compliance
Ingram Content Group UK Ltd.
Pitfield, Milton Keynes, MK11 3LW, UK
UKHW021523260726
13993UKWH00004B/1843

9 782329 534299